新版

ZERO RANGE

零距離戦闘術

入門編

稲川義貴

Inagawa Yoshitaka

推薦の辞

「なんのために戦うか」を知る人間の強さ

―わが身をかえりみず戦いに挑む精神に敬服―

荒谷 卓（陸上自衛隊特殊作戦群初代群長）

　この本をご覧いただきますと、稲川さんの戦いの感性といいますか、身体機能が、非常によくご承知いただけると思いますが、私からぜひ伝えたいのは稲川さんの戦いの能力というものが身体的なもののみにあらず、実はその背景に

は「なんのために戦うか」という、その精神面により多くの力があるということです。

　稲川さんの戦いの歴史の中において、日本民族のためにわが身をかえりみず戦いに挑むというこの精神と経験が、現在の稲川さんの身体機能なり、戦いの出会いというものを磨いてきたという、その事実をぜひ承知してこの本をご覧になっていただきたいと思います。

　我が事のために戦う者の戦いと、そうてはなくて日本民族のために戦う、その一点のために鍛えてきた人間の戦いぶりの違いがどこにあるかを、どうぞ皆さんの感性で察していただくようお願いいたします。

目 次

格闘家ではなく戦闘者を目指す

―侍の魂を持った零距離戦闘術「ゼロレンジ」―

（聞き手・葛城奈海）

葛城　稲川さんには、私がキャスターを務める日本文化チャンネル桜の『防人の道　今日の自衛隊』という番組に、しばしばゲストとして出演していただいてきました。それから、実は、ときどき武道の講習も受けさせていただいています。こちらからリクエストして、初めて稲川さんのパンチをもらった衝撃は忘れられません。もちろん、まともに打たれたら身がもたないので、1割程度のパワーに抑えて打っていただいたのですが……。それでも、肩口を打たれたにもかかわらず、肉の塊が体を突き抜けていった感覚で、痛みを感じたのは、なぜか背中でした。いやはや。「なんだ、これは？」と、心と体のWショックでした。（笑）

　番組ではいつも含蓄あるお話をしていただいてきましたが、今日は、これまでお聞きできなかったことまで、じっくり伺ってみたいと思いますので、ご覚悟のほど。

稲川　どうぞお手やわらかに。

「稽古はずっと公園でした」

──どんな子供時代でしたか？

　幼稚園の頃、正座をせずにご飯を食べていたら、親父に包丁の横っ腹でほっぺたをべちっと引っぱたかれました。痛かった。ピタッと止めてくれたらしいんですけど、こわかったです。「ちゃんと切れないようにしたんだよ、義貴」って。（笑）

　親父が義肢装具屋をしていた影響か、私も物づくりが大好きでした。親父が義足作りに使っていた石膏で手形をとって学校に持っていったら、先生がびっくりして、学校に飾ってくれました。木刀を削り出したり、割りばしでゴム鉄砲を作ったり、鋸で木を切ってピストルの形にしたり……。工作用紙で的も自分で作っ

て、それを撃っていました。1人遊びは苦にならないですね、むしろラクです。小刀、鋸、紙やすりなど道具の使い方は、親父が教えてくれましたが、「危ないから使うな」とかはいっさい言いませんでした。実際、工作でケガをしたことはないです。

ケガの記憶の最初はブランコですね。校庭でブランコの立ちこぎをしていて、「どこまで行けるかな、一回転できるかな」と思ってどんどん漕いでいったら、鎖が引っかかって顔からばちっと落ちました。あれは、すごく痛かった。子供心に「俺、やばいかな」と思いましたね。

──学校では？

「お笑い芸人になれ」って、友達や先生から言われていました。学芸会ではいつも主役だったんです。小学3年生のときに花咲かじいさんで「主役やれ」って言われて、目立つことが好きじゃなかったんで、俺、泣いたんですよ。もともと別の子が主役だったんですけど、その子の声が小さかったから、声が大きかった俺がやることになって。でも、無理して頑張ったら、その結果が良かった。小学生ながら、窮地に追い込まれて成功する喜びを味わいましたね。小学6年生のときには、人に見られることにも慣れて、アドリブにも強くなっていました。「今日は昨日よりお客さんがいっぱい入ってるなあ。緊張するけど、今日はがんばるよー」みたいなことを言って笑いをとって、「よくしゃべる浦島太郎だなあ」って有名になっちゃいました。

でも、そのうち、嫌なことがあっても笑いをとらないといけないと思っている自分が嫌になってきたんですけど……。

──武道・武術・格闘技との出会いは？

漫画「スラムダンク」の影響で中学ではバスケ部に入ったんですけど、全然できなくて、1年くらいでやめました。小学生の頃から、ブルース・リーやジャッキー・チェン、シルヴェスター・スタローンなど強い人に惹かれていました。武道・武術に憧れていたんですけど、バスケを辞めた頃から、実際にボクシング、キックボクシング、空手を始めました。といっても、ジムや道場に通うんじゃなくて、近くの公園でそれぞれ別の人から教わりました。

中学1年生の終わりに大きな出会いがありました。公園で格闘技の練習をしているのを「すごいなあ」と思いながら見ていたら、3、4回通ううちに「やって

みるか」と、その人が声をかけてくれました。それが水引師範です。それからは水引先生だけに師事するようになりました。ストリートファイトで強くなっていった人で、ハングリー精神を教わりました。

　習うのは週イチですけど、練習は毎日していました。近所の駐車場にサンドバッグを吊り下げたんですけど、もらいもののサンドバッグは穴だらけだったから、自分で縫ったり、捨ててある絨毯をビニールテープやガムテープでグルグル巻きにしたりして使っていました。軍手にボロ雑巾を詰めてグローブにしたり、木を拾ってきて巻藁も自分で作って、それを打って拳を鍛えたりしました。ぽんとグローブを買ってもらえるボンボンの格闘家は、ちょっと羨ましかった。真冬も、公園にビニールシートを敷いて、それを留めて、寝技をやっていました。寒かったけど、「強くなりたい」っていう情熱の方がまさっていたんですね。

　最近まで、稽古はずっと公園でした。公園でどこまで強くなれるかっていうハングリー精神ですかね。でも、実際、室内より外の方がいいですよ。雨が降ったり雪が降ったりしても、それが逆にいい稽古になりますから。

　中学2年生の終わりから中学3年生にかけては、その公園が地元の不良の溜まり場になってしまいました。そういう連中にも教え始めちゃったんです。彼らはワルじゃないんですけど、フラストレーションがたまってました。そんな連中が「稲川先輩」と慕ってくれたんです。俺はよく言えば、彼らを格闘技で更生したかったんですね。

――その頃から、プロになろうと？

　始めたころから、格闘技で身を立てるつもりでした。自分で言うのもなんですけど、強かったんです。水引先生にも「プロにしたい。絶対チャンピオンにしてやる」と言われ、『あしたのジョー』の現代版みたいな感じでした。(笑)

　親父とは仲はよかったけど、「格闘技で食っていく」って言うと、反対されました。「俺も食えなかったから」と。親父は神刀流を学んでいました。神刀流は詩吟に合わせて扇子と刀を持って舞う剣舞（剣武）と居合、抜刀なんですが、これは戦後、武道・武術を禁じられたときに、詩吟と舞いに隠して伝統を伝えた秘策です。家には刀が2〜3本と扇子と着物がありました。小学生の頃、刀を触らせてもらったことがありますが、剣舞に込められた意味を教わったのは中学生ぐらいです。その頃には、俺が使うと危ないと思ったのか、親父は刀を押し入れの奥に隠していましたね。

親父から「食えなかった」と聞いても、「剣道じゃ、そりゃ無理だろ」って、俺は思ってました。剣道部の奴に竹刀で打たれても勝ってましたから……。実は当時、剣道と居合の違いもわかっていなかったんです。その頃、「Ｋ１」がはやっていて、出てみたいなって思ってました。格闘技と武道は違う、格闘技の方がかっこいいと思ってましたね。

──高校時代は？

　都内では「絶対に入っちゃいけないよ」と言われるほど荒れていた高校に通っていました。パーティ券とか回ってくるんです。本物じゃなくて「パー券」と呼ばれて、カツ上げの手段として使われるパーティ券。他校の人が頬をえぐられて、血だらけで廊下に倒れているのを見たこともあります。当時はチーマー全盛期で、恐ろしい先輩がいっぱいいましたね。生徒はナイフを持ち歩いている不良か、でなければ、究極の秋葉原系オタク君たち、どちらかに真っ二つに割れてましたが、俺は、両方と仲がよかったです。

　トレーニング三昧の毎日で、授業中でも３〜４キロの鉄アレイで左手を鍛えながら、右手でノートをとったりしていました。自転車のチューブを椅子にひっかけて上腕二等筋を鍛えたりもしてましたね。体が小さかったんで、筋肉を鍛えて大きくなりたかったんです。

　放課後は柔道部にお邪魔して、寝技を練習したりもしていました。柔道部に入ってたわけではないんですけど、主将ともめたことがあって、軽くスパーリングみたいなことをしたら、お互い認め合って、それから「勝手に来ていいよ」って言われて。その主将とは、今でも仲がいいです。

　高校２年のときに「修斗」を始めました。水引先生からあちこち紹介してもらって、３０人くらいのところに行ったと思います。お金がなかったんで、タダか５００円くらいでできるところ。オリンピックのレスリングのコーチや大学レスリング部のコーチ、ムエタイの選手など、印象に残っている人も多いです。

　格闘技漬けだった高校時代の終わりごろ、ＩＭＮというグループを設立しました。稲川、水引、それから兄弟子だった成田の頭文字をとって、ＩＭＮ。

　高校は、無遅刻無欠席で卒業。ただし、一度「謹慎」というのがありました。オタクの子のゲームボーイを返さなかった奴に腹を立てて、ちょっとやりすぎてしまった。外で喧嘩は相当していました。若いころは、我ながら癇癪持ちでしたね。（笑）

侍の誇りが爆発した瞬間

——高校卒業後は？

　その頃、独立した親父から「一緒にやろう」と言われたので、卒業後は一緒に義足や装具（コルセットやサポーター）を作ることになりました。仕事の手伝いは、高2くらいからやってましたね。周りには大物右翼のボディーガードをやっているような右寄りの人が多く、自分もその影響を受けていましたが、それを親父に話すと、「かたよるな」と言われました。「日本が右と左に分かれたら、片方の考え方が死んじゃうじゃないか。みんな国を良くしようと思ってやっていることだから、白黒はっきりつけるべきじゃない」と。「親父さんは、右なの左なの？」と聞いたら、「自分では真ん中だと思っているけど、今の社会からしたら、右寄りの考え方って言われるだろうな」と言っていました。たぶん神道のことを右と言っていたんだと思います。その頃、天皇陛下の話もしていました。

　20歳の頃が、格闘家としての自分は絶頂期だったかもしれません。プロを相手にしても勝てたので、「いける」と思っていました。でも、水引先生から紹介された強面（こわもて）の用心棒の方に言われたんです。「夢を壊して申し訳ないけれど、強いだけじゃ食っていけないんだよ」って。裏の世界のことは薄々気づいていたので驚きはしませんでしたが、「本当の強さってなんだろう？」とは考えました。表の世界で強いボディガードになりたいとも思いましたし、裏の世界で活躍するのもかっこいいなとも思いました。でも「君じゃなれないよ。君の格闘技は正直だから」と言われ、悩みました。俺が若かったんで、周りもはっきり言わなかったんですけど、「君は確かに強い。だけど、それじゃ、軍隊格闘には通用しない」と言いたかったんだと思います。

——それで武者修行に出た？

　彼らが口々に「ムエタイは強い」と言うので、一度現地に行ってみて、それで通用しなかったら諦めようと思いました。現地でまだ戦っている人がいるので、武者修行に出た先の国の名前と詳しい地域は、ご想像にお任せします。(笑)

　現地から来た人は、「俺たちのところに来れば、強くなれるよ」って言うんです。それは、食べるか、死ぬか、ムエタイをするか、という意味でした。犯罪をして食っていくか、若いうちに病気で死ぬか、ムエタイでのし上がって日本に行

合気道五段で予備陸士長の葛城奈海さんの質問に答える稲川義貴氏

くか。つまり、「貧困だから俺たちは強い」という意味だったらしいんですが、俺は、そのジムに行けば強くなれるのかなあと思っていました。でも、行ってみたら「あー、違うな」って感じでした。

　３日目ぐらいに国境の方に行って、一緒に訓練したら、ムエタイじゃなかったんです。軍事訓練所とも違って、マシェットとか鎌とか民族的な武器を持って戦っていました。いわゆる武器ではないもの、たとえば、棒のような日常的なものも使っていました。ムエタイで訪日経験がある片言の日本語を話す通訳がいて、「傭兵として来たの？」と聞くから、「そうじゃなくて、ムエタイをしに来た」と言ったら、「ここはムエタイをやるところじゃないよ」と。「貧しさゆえに、テレビに出てムエタイをやっていたような選手は、辞めるとここに来て危ない橋を渡る。もしくは、母親が生まれたばかりの子供の脚を切断して物乞いになる。でも男はそれができない、戦って死ぬのが本望だ」。そんな会話に、自分の知識と経験ではとても太刀打ちできないと打ちのめされました。平和な日本でのほほんと生きてきたことを痛感させられて、一度日本に戻って、もっとちゃんと研究しなければ、同じ立場で会話ができないと思いました。彼らは、口ぐちに「武士、武

士」っていうんです。「武士」と刺青を入れている奴もいる。いったいどういうことなんだろう、と思いましたね。

——日本に戻って、何をしたんですか？

　まず、武道雑誌を読みました。でも、そこに真実はなかった。「いかに強いか」をアピールする、単なる武道の広告雑誌でした。それまで、歴史の勉強もろくにしていなかったので、親父に聞いたり、本屋に行って調べたりしました。そのとき親父が勧めてくれたのが、宮本武蔵の『五輪書』と、幕末三舟と呼ばれる高橋泥舟、勝海舟、山岡鉄舟、それぞれの「武士道」でした。

——先人たちの書が教えてくれたことは？

　一度読んだだけでは、まったく意味がわからなかった。（笑）

　『五輪書』は勝手に解釈して、格闘技に照らし合わせて、ちょこっとやってみました。「先（せん）を取れ」とか。自分なりに応用してみましたが、合っているかどうかは、わかりませんでした。

　ただ、侍は自分のことを侍だと言わないんだなということが、印象に残りました。侍は侍であることが、当たり前。俺が武者修行に出た先の人は戦闘員であることが、当たり前。だから、わざわざ「侍の生き方」などとは言わない。ただ「生き方」。日本人が日本人なのは当たり前のように、侍としての生き方が当たり前の時代だったのかなと思いました。現地にはまた訪ねるつもりでしたから、それまでの間に、格闘技の中に武道的な精神を入れようと思いましたね。

——二度目の武者修行は？

　３カ月後に訪ねたとき、「武士、武士」と言っていた彼らに、「いちおう勉強したよ」って言ったら、通訳に、「日本には侍がいるだろう。その技をちょっと見せてくれ」と言われました。

　彼らは、戦中・戦後、日本軍など日本人に救われたことがある。そのとき助けてくれた日本人に「なんで軍刀を持っているの？」と聞くと、「それは武士が刀を使っていたから」と答えが返ってくる。そうやって、武士や日本陸軍が「日本人はすごい」というベースを作ってくれていたから、俺みたいな若造が出て行っても、「お前もすごいんだろう」と思ってるんです。

　あと、侍って言葉には燃えましたね。ムエタイから見た日本武術をそいつがし

ゃべってました。「ばさり、ばさり」って、たぶん相打ちのことを言っていたと思います。「俺たちは、相打ちはしない」だから「相打ちをする勇気のある日本人は、すごい。一対一じゃ、ぜったい勝てない」と彼らは言ってました。

　それで自分に何ができるんだろうと考えて、マシェットで戦ってみたんです。心拍数はすごく高まってましたけど、やること自体は、素手がナイフになっただけです。現地に伝わるナイフ術を使って斬りかかってくる相手とバシバシッとやって、相手の首にピタッと刃とつけたところで止めたら、「お前は強くなったねー。前とは全然違うことをやってるね」と言われました。

　俺としても、侍の誇りが爆発した瞬間だったんですよね。孤独になってみてわかりました、「俺は日本人だ」と。以来、訓練をしていても、稽古をしていても、先人への尊敬の念は忘れません。肉体が滅んでも、魂だけは思い続けたいです。

──技術的には何が変わったんですか？

　前に入ることを恐れなくなりました。格闘技を長くやっていくと、下がりたくなるんですよ。格闘技には、前方斜め45度に入る技術ってないんです。あと、リングという限られたスペースで戦うせいで、回るのが多い。ナイフでも回っていくようにしてしまう。もっと親父のやっていた抜刀をしっかりやっていれば、なんてこともなかったんでしょうけれど。このときは、相手がフェイントをかけてきたのがわかって、わざとそれに乗りました。体を餌にしたんです。左腕は斬られたけれど、そこは捨てて、中に入っていった。そこが勝負でした。

　あと、このとき、フェイントと「本気の一撃」の違いを見破れるようになった気がします。彼らには「必殺」が発想としてないんです。足の運びや気迫で、本気かどうかがわかる。開眼した瞬間だったかもしれません。

　そこに至るまでに『五輪書』をすごく読んでいました。格闘家から学んだ剣術はこういうことかな、とか思いながら。相手が複数でも攻撃してくる1人ひとりにとらわれずに、とにかく動き続ける。それと、中心をとる。泥舟の槍にも、「斬りかかってくるものにとらわれずに動き続ける」とあって、みんな同じことを言ってるなと。わかりづらい本だったけど、言いたいことはなんとなくわかりました。無理に解釈したところもあるかもしれないですけど。（笑）

「格闘技じゃ大切なものを守れない」

——その後、お父さんとは？

　親父とは喧嘩はよくしていました。ヌンチャク対真剣とか、木刀とか、男の子同士の喧嘩みたいな。いい年になってからは、酒を飲みに行って政治談議になって、その延長で喧嘩ということもありますが、俺はヌンチャクには自信があったんで、それを受けられるか、みたいなノリですね。

　武器を使うときに、俺の発想では相手を傷つけてしまうんです。それを親父は武器じゃなくて「凶器」だと言っていました。拳にしてもそうです。親父は「木刀でやっても一度も義貴の頭とか小手を割ったことはないだろう。でも義貴は止まらない」と。親父の場合は、真剣でものすごい勢いで振っても、ピタッと止まるんです。俺の場合は、確かに止まらないんです。でも「止めることに何の意味があるの？」と思っていました。そこが、なかなかわからなかった。俺はそれを避けて攻撃してたんです。親父からしてみたら、「ここで終っている」つまり「止めを刺しているのに」ということだったと思うんですけど、それさえもわからなかった。「お前は浅い」ってずっと言われてました。「お前は、肉体的反射はズバ抜けているけれども、武道に関しての感性、つまりここで負けてるな、勝ってるなという感覚がうとい」と。

　みんなは海外に武者修行に出て実戦を経験して変わったと言ってくれましたけど、親父にだけは「（精神的に）全然変わってないな」と言われました。相手の首にマシェットをあてて止められたのは偶然というか、「殺したらまずい」という恐怖心からでした。それを親父は見抜いていて、「お前は止めたんじゃなくて、止まったんだ」と。日本武術のように相手を包容同化する活人剣だったのではなく、銃でいうと、照準したけど撃てなかっただけだと、あとになって気づきました。

——そこから軍事の方に興味が移ったのは、なぜですか？

　昔は、軍事と武道はひとつのものでした。京都にある武徳殿（「武専（ぶせん）」と呼ばれていた旧武道専門学校）の話を聞きました。剣道・柔道・弓道・銃剣道・槍術・杖術・戸山流などなど、戦時中は全部教えていたそうです。それを脅威に思ってGHQ（連合国軍総司令部）が解散させたくらいですからね。それで、一回、軍事をやってみたいなと思いました。

14

最初は、コマンド・サンボを習いに行きました。その延長で紹介されたのが特殊部隊の方でした。これも具体的には言えないんですけど、寒い国から暖かい国までさまざまな国の特殊部隊の方々と出会いました。（笑）

　その頃、格闘技はまだ続けていましたが、一方で、廃人のような目を見てこの人たちは「殺してるな」と感じたりして、「格闘技じゃ大切なものを守れないかもしれない」と思うようになっていました。

　彼らとは何回か一緒に山を行軍したりして、とにかく、殺人術を習いました。これはすごいと思って鼻高々になってたんですけど、今にして思えば、格闘技兄ちゃんが海外の殺し屋に会って「一緒に山歩きに行かない？」って言われた程度にしか思わないですね。

──山の訓練は、具体的にどんなだったんでしょう？

　海外の武者修行から戻って１年ぐらいだったと思います。例によって場所は詳しく言えないんですが、岐阜県北部の山で、本当に森林というか、密林みたいなところでした。

　教官は全員外国人で、諜報部隊のOBや今で言うPMC（プライベート・ミリタリー・カンパニー）やジャングル戦のスペシャリスト（スカウトチーム）など８人ぐらいです。訓練を受けるメンバーは自分を含めて15人くらいで、さまざまな人間が来ていました。そのうちの何人かは今でも交流があるんですが、みんな、海外で現役の戦闘員です。（笑）

　初日はバーベキューで、もてなしていただいたんですけど、実は、そこから訓練は始まっていました。食事の量がすごく多いなとは思いつつも、俺は全部食べちゃった。本当は残しておかないといけなかったんです。その後は、１週間、水しかもらえませんでしたから。15人の中には残していた奴もいて、そいつが分けてくれました。教官たちは、ナイフを投げれば、木にどんと刺さるし、ほしいプレゼント（技術）はすべて持っていましたから、まるでサンタクロースみたいでした。でも、心は持っていなかった。サイボーグ・サンタって、イメージです。

　着ていたものは、下着と靴以外、身ぐるみ剥がされ、向こうが用意してくれたBDU（迷彩服）に着替えました。寝袋とか雨具とか、ゴアテックスのジャケットとか、火を起こすマグネシウムとか、いろいろ持っていったのにすべて没収されました。腕時計も外させられました。代わりに渡されたのはナイフ１本と水筒２つだけです。

5人ずつの3班に分かれて、2晩山の中を歩かされて……というよりは転がっていました。2晩というのは、そこまでは元気だったという意味です。そこから先は、正気を保つのが難しかった。（笑）

　調子にのって靴も市販の作業靴で行ったので、2〜3日で足の裏がすごく痛くなりました。テレビで見た記憶を頼りに、見よう見まねで枝を切って、穴も開けずにゴリゴリこすって火を起こそうしたけど、点（つ）かない。交代しながら4時間つづけて、手の皮がずる剥けになりました。

　「あそこに行け」と指示されて、地図もコンパスもないオリエンテーリングをやるようなものです。とにかく何があってもまっすぐ歩くことにしたんですけど、崖から落ちて、元の道に戻るのに2時間かかったりして、3回ぐらい死にかけました。食料もなく、シダとか葉っぱとかを食べました。水筒にだけは、いつも水を入れてくれたからよかった。水筒を「必ず木に置いとけ」と言うんです。それで気づきました。姿はまったく見えないのに、教官たちに常に監視されていたんですね。要は、民間での傭兵トレーニング・プログラムだったんです。

　とくに夜がこわかった。山に入る心構えができていなかったんですね。ちょっとガサガサすると「熊じゃないか」とか、そういう音もこわい。寝るのは、木の下とか岩っぺりとかでしたね。でも、そのうちに感性が鋭くなって、「ここがいい」とか、だんだん感じるようになるんです。人間の本能のトレーニングだったんじゃないかな。一方で、「せせらぎの音が聞こえる」とか誰か言い出すんです。そうすると、「魚が釣れるんじゃないかな？」とか思い始める。でも、「まっすぐ行こうと決めたよね」とか言って、疲労も重なって、ちょっとずつチームワークが崩れていくんですよね。

　3日目の終わりから、5人のうち2人がケガで脱落しました。1人は肋骨を折っちゃって、もう1人は肘が外れた。教官からは、「ここは軍隊じゃないから命令じゃないし、これは実戦ではなく訓練だから、民間人に無理はさせられない」と。「でも、部隊に入れば、その状況でもやらせる」とあとになって言われました。

　4日目から山狩りが始まりました。まず、寝ているときに物がなくなってる。最初は自分が落としたかと思ったんだけど、次々になくなっていく。仮眠と言いつつ1時間くらい寝ちゃうことがあるんですね。3日目くらいから、夜はこういうところで寝ればいい、朝は、これくらいに鳥が動いて……と苦しいなりに、慣れてきちゃうんです。それから、あと何日かでこの訓練は終わるという甘えが出

てきます。終わりが見えなければ緊張感を温存するんですけど。……そういう姿をナイトビジョンで100%見られていたわけです。

　そのうちに撃たれるようになります。といってももちろん実弾ではありませんが、木と木の間をすりぬけて赤いレーザーがぴーっと来て、狙ってる。ほんとこわいですよー。（笑）結構近く、20〜25メートルくらいからだったと思います。ここまで来ているぞと無言の圧力をかけてくる。それが、スカウトという技術なんです。そうやって警告されて愕然として、あっ、そうだよな、物も落とすはずないよな、取られたんだって気づくわけです。

　そうやって警告もどんどんエスカレートして、無理をしないといけない状況に追い込まれていきます。移動がちょっと遅れたり、休憩したりしてると、過剰警告をされる。寝てると首をワイヤーで絞め上げられたり、体に一本ずつ傷をつけられたり……。激痛にびっくりして動き出します。

　あと、大変だったのはトイレの処理です。ビニールにするんですけど、飯を食ってないんで、ほとんど出ない。でも出たときに、そこにエゴイズムが生まれる。拭きたくなるんです。プロは垂れ流しです。もう1人の自分は立ったままやれと言っているのに、こんなになっていても、自分をこう見せたいというエゴイズム、自我が残っている。最後は、そうも言っていられなくなりましたけど。

　最終的にはゴール地点まで猛ダッシュしないといけなくなる。俺、そのときかけていたゴーグルが傷だらけになって見えなくなりました。それだけ死に物狂いで走ったということです。「殺される」ってちょっと思いました。服はビリビリに破れ、排泄は垂れ流し。アドレナリン出っぱなし、それを通り越してエンドルフィンが出て、ランナーズハイ状態。記憶障害まで起こしていました。それでも到達しないところだった。地獄をみました。1〜2キロ走ったつもりだったけど、たぶん800メートルくらいだったと思います。最終的にはゴールなんかなかったんです。

　あとで振り返ってみると、人間が窮地に陥ったときの動物的感覚と、人間が人間に狩られる恐怖感覚を徹底的に覚えるトレーニングだったんだと思います。

戦闘技術にはルールがない

——その後は？
　命からがら山での訓練を終えて、同じグループだった3人は次のステージであ

る戦闘訓練に進みました。特別な講師が来てくれて、2日間の訓練をなんども受けました。「暗器（あんき）」と呼ばれる手裏剣とか鎖、ナイフ技術などすべて。それからボールペンでどう殺すかなどの技術を教わりました。これができるようになると、特別なナイフと戦術訓練。体中をシマウマというか、虎にされました。この写真は、その時の傷がまだ残っています。

――うわぁ、ほんとに両腕が虎模様になってる！　すさまじい傷ですね。

　回を重ねるにつれて円形脱毛症になり、それがだんだんひどくなりました。親父にも「夜な夜なこっそり出ていったりしてるけど、相当ストレスたまってるだろ。大丈夫か？　それ円形脱毛症だろ？」と言われて。でも、強くなることが好きだったんですね。そんな生活が1～2年続いて、最後まで残ったのは、15人中、自分も含めて5人でした。

――彼らから習った技術を使ったことは？

　使ったことは、いっぱいありますね。

　まず「地の利」。昔で言うならば、風上・風下、山の上・下といった高低差です。現代に置きなおすと、階段の上下でどっちが有利かとか。

　敵が多いときには、近代の戦術は狭いところに追い込んでいった方がいい。6畳より4畳半が、4畳半より3畳がいい。たとえばトイレの個室とか。個室じゃないと逆に危ないです。個室に引きずり込んじゃえば、見に来ても仲間を呼ばれない。あるバーのトイレの個室で、女性をレイプしようとしていた外人の首をコードで縛りあげたことがあります。

　一般には、上の方が有利だというけれど、個人的な戦闘だと上の人が攻撃するためには下に降りてこないといけない。下の人は逆に相手の足首をひゅって持って倒したりできて、実は下が有利だったりもします。

　あとは、お酒を飲ませて、酔っ払わせてから戦う。戦闘技術にはルールがないんです。それが格闘と戦闘のちがいなのかもしれません。それがズルと言われるんでしたら、すみません。（笑）

　もし自分の周りに武器があったら、素手にこだわらず使います。スポーツ的には禁じ手とされている喉仏、目、金的など急所を狙います。突くにしても正面からはいきません。背後から音をたてずにいくのが戦闘です。

「零距離戦闘術」を教える稲川氏。両腕にはナイフ傷が今も残る

——その頃も、夜の公園での稽古は続けていたんですか？

　いいえ。24〜25歳で「カランビットスクール」という道場を下北沢に開きました。カランビットというのは、インドネシアの武器で、ある国の特殊部隊員が持っていました。まっすぐなナイフだと突くことしかできないですけど、カランビットは、斬る、刺す両方できます。弟子は、ミリタリー好きの若者や学生など10人くらいでした。

　その頃、裏原宿のファッション業界でお世話になっていました。「なぜファッション業界と武術？」と疑問に思うかもしれませんが、1つの物を作り上げるという共通点があるんです。洋服をサポートしてもらったり、道場用のTシャツを作っていただいたり、ファッション雑誌なんかにも出させてもらいました……。（笑）

　そこで出会ったアパレルやデザイナー界の人たちも、自分の体と技術を創作する感覚で、たくさん来てくれましたね。その方々との交流は今でも続いています。やはりどの分野でも、「人との繋がり」は大事ですね。

　この頃は、夜の公園での訓練はせず、自己研究をしていた感じです。ジャージ

を着て訓練場所に行ったら、当時指導を受けていた特殊部隊の方に怒られました。自分が何者なのかわからないように、いわゆる「格闘技をやっています」的な服ではなく、「スーツで来い」と。

　有名な人たちがうちの道場に来るようになって、技術的には成功したと思いました。でも、お金とかビジネスの付き合いだけじゃ、自分の思いを実現するのは難しいです。環境に適応して、自然や人間関係も味方にする。これが特殊作戦なのだと思います。昔の忍者に似ていますね。

　いま振り返ると、自分自身が中途半端なときにスクールを作っちゃったなと思います。道場というより、汗を流しに来るジムみたいで、精神教育や目的意識は入っていなかった。それでも、傭兵の方や普通の格闘技の道場に飽き足りない方などは頻繁に来てくれました。

体を餌にして技を習ってきた

——ゼロレンジの誕生とは？

　「CQCジャパン」という組織をベースに、27〜28歳ごろ発足させました。日本流のCQC（クローズド・クウォーター・コンバット）、つまり日本の魂を持った近接戦闘・格闘を作りたかった。自衛隊の用語でこれを言うと「零距離戦闘術」です。

　「入（い）り身し続けると距離がなくなりますよね」と、ある隊員に言われたこともあり、「これはいいぞ！」と思いましたね。戦前・戦中・戦後のイメージがわきました。特攻隊も零まで距離を縮めて、突っ込んでいく。必ず相手を殺傷できる間合いまで入り身する。これが海外の人間に脅威を与える戦い方、つまり侍の戦いだなと思いました。

　武士道を深く研究したことはないんですけど、侍たちの戦いを研究したときに、体を餌にして刀を抜くところがすごいと思いました。侍は、名を名乗って戦います。旧陸軍でも、わざわざ名乗ってから撃った人もいました。これに対して、「裏」は中野学校や忍者ですね。昔の侍の戦いぶりを見たときに、戦闘的に影から狙うのではなく、危険なところまで間合いをつめて、自分の体を餌にするというところに行きついたんです。

　そこに辿りつくまでに、死ぬほど血を流しました。自衛官たちも一緒に。お互いに、体が痣（あざ）だらけになって腕が上がらないっていうくらい打ちあった

り。突きを1日1万から1万5千発受けながら、どうしたら体が柔らかく使えるのか試したり。もちろん体がものすごく腫れました。肺が腫れたんでしょうね。血尿もいっぱい出た。目隠しをして後ろから突いてもらって、五感で反応して、いつものように動けるかやってみたり。真冬の川など冷水に入って体が硬直しても動けるかどうか実験もしました。どこなら動いているかっていうと、心臓と内臓……要は「中心」です。末端は捨てていくんです。末端は捨て身で中心だけ入っていくのが零距離戦闘になりました。そんなふうにしながら、今までやってきたことの集大成として、4〜5年かけてまとめました。といっても、今でもまだ作り上げている最中です。今後は鹿島神流の螺旋（らせん）の動きを取り入れようとしています。

　自分の体を餌に、現役の傭兵や米軍のスペシャル・フォースなど、いろんな所に習いに行きましたね。本当にゼロレンジが通用するか試したかったんです。

──「ゼロレンジ」は通用しましたか？
　通用しました。全然問題なかったです。沖縄で米軍のスペシャル・フォースにナイフ術を教えたとき、向こうもリアルナイフで来るんです。「殺す」と言われても、こちらは素手で相手を殺さずにナイフを奪いました。そうすると、「アメイジング！」って。驚くとすごくかわいいんですよ。そんなことできないと思っていたみたいです。

　おじいちゃんが日本兵と戦ったという米兵がいました。おじいちゃんが銃を向けたら、日本兵は日本刀を抜いてきた。撃ち殺したけど、その日本兵に敬意を持ち、そのとき持ち帰った刀を孫に託して、「これを返したい」と。「日本人はすごい。日本に行くべきだ」と孫に語ったそうです。

　そういう話を聞くと、「日本人でよかったな」と思いますし、「今度は俺が見せるべきだな」とも思いますね。

　米軍との関わりは、このときが初めてでした。親しくしていた自衛官がわざわざ紙に「いってらっしゃい」と書いて見送ってくれて。「見せつけてきてください」と激励されました。

　日本人の戦いを見せるには代償も大きいです。俺も、訓練中に両膝の靭帯を切ったり、右目が見えなくなったり……。代償を払って、やっと日本人になった気がします。過酷な訓練なしに本物にはなれないと思います。

──「自分の体を代償にして…」ですか？

　体を餌にして人に習ってきたので、攻撃をわざと食らって研究しました。

　我慢すればするほど、相手はいろいろ出してきてくれます。腕が折れそうになっても我慢していたら、相手は「効かない」と思って違う技に変えてきます。つまり、いいネタを出してくれるから、それだけ勉強できる。逆に、引いてしまったら、それ以上教えてくれない。

　目をやったときは、相手は目を狙いつつも本当に切ろうと思っていたわけではなかったと思うけれど、うまいので、ふわっとくる軌道を見たいと思って、目で追いながら入って行きました。刃引きしたナイフだったんですけど、さっと瞼が切れた。病院に行かなかったんで、2〜3日はきつかったですね。瞼はアロンアルファみたいな特別な止血剤で止めました。当初は「見づらいな」と思っていたくらいだったんですけど、そのうち眼球の傷が悪化してきて白内障になりました。代償は大きかったけど、あの立ち筋を見られたのは良かった。……好きな言葉じゃないんですけど、まさに「根性」と「我慢」でしたね。(笑)

──そのときの相手の反応は？

　なんにもなかったです。「それぐらいの覚悟あるんだろう」って感じで。日本人みたいに、「そこまでやるか」というような人情味のある反応もない。「軍事訓練中に死人が出るのは当たり前だから」と言われました。「習うときでも気をゆるめると死者が出るのは当たり前。いかに、死なないように死なないようにするか。穴を埋めていくのが訓練なんだ」と。

──ふだんから病院には行かないそうですね。歯も自分で抜いたとか？

　訓練中のケガは当たり前で、そのたびに病院に駆け込んでたら、「感性」がなくなっちゃう、鈍るような気がするんです。それよりも、こういう痛みがきたときには、こういう技だったとか体感したいんです。

　熱でうなされていても、そのうち下がると思ってしまいます。自力でどこまで治せるかなと思うと、呼吸法なんかも覚えていきますね。熱があるときって、鼻から深呼吸した方が頭がすっきりします。歯を抜く前にも痛かった時があって、踏ん張ってアドレナリンを半日出してましたね。そうすると一瞬痛みが止まるんですよ。

——一瞬痛みが止まる？

　はい。一瞬でも止まると、本当に楽になりますよね。健康体のありがたみもわかります。歯は他のどこよりもきつかったですね。神経はきついです。

——……すごいですね。ところで、**自衛隊との関わりはどういう形で始まったん**ですか？

　PPBストアという装備品のお店で「熱心な自衛官がいる」と紹介されました。初めて会ったそのお店で、ちょっと技を見せたんです。

——その自衛官は、稲川さんのことを「**ひと目見て、すごいと思った。『我々は、こういうものを求めていた』と思った**」と話していました。つまり、自衛隊でやっているような勝ち負けのあるスポーツ格闘じゃなくて、実戦を想定した技術を稲川さんは持っていると……。

　それまでにも自衛官とは会ったことがありましたが、本物を求めている現職自衛官は、彼が初めてでした。凛々しいなというのが第一印象でしたね。技術を教わるために物を買わないといけないような訓練ではなく、日本式の技術を教わりたいという自衛官でした。

　その出会いがあって、4～5人に教えるために駐屯地に通うようになりました。アーマー（防弾チョッキ）をつけても使える体の動きとか、銃剣対ナイフとか。一緒に研究しながら、教えました。そのうちに、自衛官たちの方から近所に出向いてくれるようになって、例によって公園で指導するようになり、そうこうするうちに、いろんな駐屯地の隊員から声がかかるようになっていきました。

——自衛官のお陰で人を信じられるようになったそうですね？

　米軍で教えていたときに、特殊な人間、つまり感情をなくして精神を壊して、機械化されたサイボーグのような人間が多かったせいか、騙し合いになりました。それで、人を信じられなくなりました。

　たとえば、「物品、装備品の流通をしてもいいよ」と言われたんですけど、でもそのためにはアメリカで年単位で教えてほしいと。つまり、すべてビジネスライクな取り引きなんです。某国に技術を習えば、「諜報活動をしろ」と言われたりする。仲間にも、すごく安くセキュリティを教わった代償で人間関係がズタズタになった人間もいます。

そういうのが嫌だったんで、日本国内に残ることにしました。純粋に「日本のため」と思っている人間とやりたくなった。

それに対して、「心を持ったまま日本のために戦いたい」と言ったのが、一緒に訓練をしていた自衛官です。「技術だけでなく、精神面も一緒にやっていきたい」と言われて、「信じきれるつきあいもあるんだな」と思いました。

殺人剣と活人剣の違い

——本物になるには、やはり実戦を経験している相手と訓練した方がいいのでしょうか?

いいえ、スイス軍とか、実戦に出ていないけれど最高のセキュリティをしているところと訓練した方がいいと思います。

米軍とばかりやると、自分もできるような気になる。経験本を読みすぎると自分もできるような気になるのと同じです。でも、できるはずがないんです。

——軍人と侍の違いは?

まだ模索中なんですけど、侍は情を持っていると思います。ふつうの世界の軍人よりも侍は強かったのではないでしょうか。余計なものをすべて捨ててしまうのではなく、情を背負いながら戦う。

軍隊は命令で動くけど、侍は命令だから動いたり、人を斬ったりしたわけではなかったと思うんです。自分の心の中にある正義に従った。そうやって考えると、侍って軍人じゃないんですよね。

鉄舟の本をもう一度読んだりして、「もっとも大切にすべきは自分自身の正義。だから間違った道に行ってはいけない」と書かれていたところに、自分でもビビッときました。

それは自衛官に教え始めて2年ぐらいのときだったんですけど、これ以降、技術が変わりました。それまでは、殺人剣だったんです。「撃っちゃえばいいじゃん」と言ったら、隊員に「撃てないんですよ」と言われました。自衛官の気質を見た瞬間でしたね。「自分の心、正義を作りたい」と言われて、「敵を殺さずに正義を作っていかないと」と思いました。

古武術の身体操作技術をベースに発展させた「零距離戦闘術」を教える稲川氏と大原留尉氏

——「心の中にある正義」についてもう少し教えてください。

　あるとき、「天皇陛下おひとりさえ生き残れば、国民はどうなってもいい」と言った右翼の方がいました。でも、そうではないと思うんです。俺の持論なんですけど、「八紘一宇」という言葉に表れているように、陛下と国民が家族のような関係なら、国民が幸せであってこそ陛下も幸せになる。つまり、陛下と国民は一体化している。なので、国民は単なる「陛下の護衛団」ではなく、陛下のお考えとともに歩む存在だと思うんです。

　侍は、「何を守りたいと思っていたんだろう？」と考えたときに、陛下ひとりのお命さえ守ればいいと思っていたわけではないだろうと。強いて言葉にするなら、「日本民族の誇り」というんでしょうか。侍は、誇りを大切にしていたと思います。

　「侍」という字は、人に寺と書きますよね。人は寺に入る、つまり人生勉強しないと、単なる「人斬り」で終ってしまうという意味なんじゃないかと思っています。今は道徳の時間があるけれど、昔は、今でいう学習塾ではなくて、道徳塾みたいな存在として寺子屋がありました。道徳を学び、「何を守るか」がわかっ

てこそ力が発揮できる。それに基づいて自ら正義を貫いていくと、「侍」になるんじゃないかなと思っています。

　自衛隊だって、道徳がないと、単なる殺人集団になっちゃう。でも現実に海外に出たときに高く評価されているのは、正義とは何かがわかっているからだと思います。

　これに対して、米軍は殺人集団。命令が来るからそれを実行するだけで、心はからっぽな気がします。

　そこが殺人剣と活人剣の違いです。俺も、かつては完全な殺人剣でした。周りもミリタリーな人間ばかりで、その世界にどっぷり浸ってました。格闘技の延長で、心も50％しかできていなかったと思います。

　そこから、日本の軍事はどうだったんだろうと、特攻や日本陸軍を研究しました。陸軍戸山流についても勉強しました。

　さらに大正、明治、幕末の軍事と戦闘技術の繋がりなんかも調べました。とくに幕末から明治にかけてがおもしろかったです。この当時は、刀とピストルが両方がありました。西郷隆盛にしても、軍事と政治がくっついていた。新選組は新しいPMCだし、「人斬り以蔵」こと岡田以蔵のように国のために人を斬る連中がいた。それだけ軍事・武道と政治がくっついていたんです。

　今でいう、CQCとかCQB（バトル）の時代。幕末に人が斬ってきたらどうするかとか考えましたね。座ったところから抜く抜刀はあの頃にできたらしいです。「ホルスターに入っているところから銃を抜くのは、抜刀と同じじゃないのか」と親父に言われました。

　そこから体の仕組みを徹底的に勉強しました。親父と一緒に病院に行って、医者から骨の仕組みを教わり、医学的に勉強して、親父とは毎日のようにそんな話をしてましたね。

　自分の体のどこが堅いかなども研究していました。ここが強いとか弱いとか。拳は子供の頃から巻藁使ったりとかして毎日鍛えていましたが、それでも肘の方が強い。いくら拳を固めても手首が弱いですから。

——それでも、**拳を鍛えるのをやめないのは？**

　自分との約束かもしれません。剣術をやる人が木刀を振るのと同じです。

　近接戦闘をしたときに覚えたんですけど、相手から抑えられても肩甲骨は動く、肘も動く、骨盤も動く。腹部殴られても内臓を柔らかく使えば対応できるけど、

アバラは折れちゃう。だから脇をしめる。多人数の相手はまとめた方が強いとか……。でも、これを読んで、若いうちに喧嘩した方がいいって思って真似されちゃうと困るんですよね。教える責任がありますから。

それから、人間はどうしても緊張すると固まりますよね。柔らかく体を使った方がいいんですけど、その柔らかさというのは、股割りができるとか、両手を背中に回してくっつくとかいうのとは質が違います。そうではなくて、「緊張を解く方法」も柔軟に含まれるんです。腕を掴まれれば、反射的に緊張しますよね。どうやったら、それを解けるか。つまり、反射神経を切ることができるのか。「ふてぶてしくなったらできますかね？」という隊員もいるんですけど、そういうことじゃなくて、日々訓練しないとだめです。（笑）

──歴史上好きな人は？

高柳又四郎と国井善弥先生です。どちらも、「音無しの剣」ですね。

相手をバッサリ斬るんじゃなく、剣と剣もぶつけずに勝負を決する高柳又四郎を知ったとき、初めは嘘だろうと思いました。それが、いっぱい調べているうちに、兵法書に行きついて、「大きな兵法」「小さな兵法」を勉強したら、徐々に納得できるようになりました。「大きな兵法」というのは、国家としての兵法というんでしょうか、将棋でいう王将、自衛隊でいうなら幹部の兵法。これに対して「小さな兵法」は、個人技です。個人技でも、実は戦略が盛り込まれているので、自衛隊の幹部の方には、個人技から部隊運用に応用できることをぜひ見い出してほしいですね。

国井先生は、宮本武蔵を調べているときに「昭和の武蔵」として知ったんですけど、どんな武器をもってしても、剣一本ですべて勝った。好きですねー。何をしても負けない。すごいなあ。

自分とは比較になりませんが、米軍と戦ったところが重なりました。リアル、つまり真剣や本物のナイフでやりあって勝った。日本と日本武道を背負っても臆することも、緊張することもなく、最後の侍なんじゃないかなと思いました。「ホントにやるの？」って、ニターッと笑って、「そんなおいしいこと、やらないわけないじゃないですか」って言ったらしいんです。何がなんでも実戦派。今では、そういう本質を知っている戦闘者がいなくなりましたね。

「かっこいいね」と言われる国にしたい

——戦闘者としての生き方に影響を受けた人は？

　２人います。１人は現在「熊野飛鳥むすびの里」代表の荒谷卓氏（明治神宮武道場「至誠館」前館長）です。特殊作戦群群長時代に出会い、精神と生き様に惚れ、この方こそ本質の日本人だと感銘を受けました。物腰は柔らかく包容力がありますが、優しさの中に研ぎ澄まされた決断力とぶれない中心力をお持ちで、現代の侍だと感じています。私にとっては、剣術と戦闘精神の師匠でもあり、親父みたいな存在です。

　もう１人は、元海上自衛隊特別警備隊の伊藤祐靖さんです。私の兄貴的存在で、本質の戦闘者、昔でいう兵法者ですね。戦闘技術もそうですが、近接戦のトレーニングプランなどもアドバイスしてもらっているほか、プライベートでも色々と相談させてもらっています。

　技術や戦闘を超えて、お２人とも心から信頼している特別な存在です。

——これまで支えてくれた人は？

　まず、ゼロレンジ初代インストラクターのふたりです。一番弟子だった中学からの同級生、上村知義君と、公園で勝負を挑んできた大原留尉さん。運命的な出会いの相棒たちですね。

　上村君は、死に至る可能性のある本気の稽古で殺そうと思ったことがあるんだけど、殺せなかった。それだけ成長が早いんです。

　ふだんニコニコしてるんですけど、独特の感性があって、自分のパンチでも「あ、だめだ」と思うときは避ける。「ギリギリ大丈夫だ」と思うときは、受け止める。「感性の人」なんで、人に教えるのは下手ですね。（笑）

　口で教えるとみんなさっぱりわからない。でも、体を使って、肌を触れ合って稽古すると相手を開花させる力がある。体現するのが得意なタイプで、習った人たちからの評価も高いです。

　大原さんは、お互い近くの公園で練習していたんですけど、「強い奴がいる」と聞いて、挑んできました。その頃、大原さんは「K２」にも出ていて、体重も90〜100キロぐらいあったんですけど、ぽんと蹴ったら３メートルくらいふっ飛んで行った。以来、半端じゃない忠義心で支えてくれています。「自分の体を失

っても、稲川さんやゼロレンジのためになるなら気にしません」と言って。

　実際、自由稽古をしていて俺がナイフで目をズッポリ刺しても、血を噴き出しながら「気にしないでください。先生に目を上げますよ」と、言ってくれました。隊員にこの話をすると、「俺たちの訓練はホント甘いですよねー」と言われます。でも俺としては、猛烈に反省させられました。仲間どうしで壊すのは違うなと。目が欠けたら満足に国も守れない。強さを見せつけるのは、やめようと。

　そういうふたりがいなければ、ゼロレンジは成り立たなかった。

——現在のインストラクターは？

　早いもので、このゼロレンジの本を作ってから10年になります。当時のインストラクターたちはみな自分の武士道を探求し巣立っていきました。現在は、自衛隊だけではなく民間の指導もしていますので、新しいインストラクターたちが民間の方々にも伝わる武士道を模索しながら頑張ってくれています。

——人生に影響を与えた人は？

　まずは、親父、稲川義昭。戦い以外の師匠です。生きる術を教わりました。傷だらけになっても、無謀に生きている自分を見守ってくれる。戦闘員の父親であり続けてくれる。ふつうの親父さんなら、顔が真っ青になっていたはずです。そんな親父も、最近では、「俺が生きているうちに目を手術した方がいいよ」とか言っています。

　それから、お袋。親父と俺が喧嘩して血だらけになっていたら、ふつうは泣くと思います。それが、「また、親子喧嘩ねー」とか言いながら、ふつうに流れた血を拭いてくれる。天真爛漫な人です。隊員が来ると恋愛話で、きゃっきゃしてますね。

　もっとも尊敬するのは、この国を造るために亡くなった人たちです。戦闘者だけとは限りません。土建屋でもなんでもいいんです。道路工事をしなければ車は走らなかったわけですし。職種じゃなくて、この国のために命を懸けてくれた人たちを心から尊敬します。

——今の日本をどう思いますか？

　昔に比べると、ダサいと思います。不細工というか。侍がいなくなった日本は、国として格好がつかなくなっている。靖国の英霊や昔の侍に怒られるような国に

なってしまったと思います。正義、大義がなくなり、戦いをやめてしまった気がします。それに比べて、侍は粋（いき）でした。

　これからは、海外の連中にも「お前ら、かっこいいね」と言われる国にしたい。法律にこう定められているからとかではなくて、自分の正義心にそって、良い悪いを決めていくのが粋だと思います。

──自衛官に伝えたいことは？

　今の話と重なりますが、各個人の魂を大切にしてほしい。災害派遣にしても、「こう命令されたから」「こう書いてあったから」じゃなくて、「俺はこれをするんだ」という気持ちをもって、真っ白な純粋な心で、すべてのことに臨んでほしいです。

──現在の活動は？

　2016年に公開された映画『RE：BORN』で戦術戦技スーパーバイザーを務めるとともに、アビスウォーカー役で出演しました。これを機に、新しくINVISIBLE UNIT（ゼロレンジをベースにした民間用の技術開発チーム）を立ち上げ、自衛官だけでなく民間人の方にもゼロレンジプロテクション（ディフェンス）を指導しています。また『RE：BORN』で出会った坂口拓さん（ゼロレンジウェーブマスター）とYouTubeで技術や精神を伝えています。

──ゼロレンジのロゴマークには、何か意味があるんですか？

　あれは、思い入れがあるロゴマークです。初代インストラクターから隊員まで、あのロゴを背負ってますから。

　できた経緯は、仲間でもあり、一緒に渡米した経験をもつ、ゼロレンジのデザインをいつも頼んでいる小林且英（COBBA）が、根本ナイフ製のカランビットを融合して作りました。

　あのロゴに使われているカランビットのリアルナイフもあります。デザインが形になったときは、うれしかったですねー！ あのマークのTシャツも作りました。今では、あのロゴと三角形の零ダガーは、ゼロレンジにとって、なくてはならないロゴマークです。(106ページ参照)

——肩書きにされている「戦闘者」とは？

　昔でいう剣術家・武道家ではなく、兵法者という意味です。個人技を極めるだけの武道家ではないということです。

——今後の抱負をお聞かせください。

　本来の日本人は、日本という国が良くなることを当たり前に願い、侍は刀に自分自身の命や思いを込めて散っていきました。今後は、坂口拓さんや監督、スタッフのみなさんとともに、本質を描く侍映画を作り、本来みんなが持っているはずなのに忘れてしまっている侍の生き方や魂、精神を伝えるとともに、稽古では「殺気や恐怖」「刀の怖さ」などリアルな感覚や感情を伝えたいと思っています。

　ネット検索をしただけでできるような気になったり、知ったかぶりをする人が増えている気がするので、稽古を通じてもっと「現実」を知って欲しいと思いますね。

　そして、尊敬する荒谷卓さんが至誠館の館長を辞められて2018年から新天地の「熊野飛鳥むすびの里」で共生・共助の活動を始めました。自分もむすびの里での戦闘者（武者）としての精神鍛練や武道合宿で一緒に活動しています。

　2021年から荒谷さんにゼロレンジの名誉顧問、伊藤祐靖さんに戦術顧問になっていただき、技術だけでなく武士道の精神力も稽古できる団体にしていきたいと思っています。

葛城

　稲川さんの素晴らしいのは、技術の確かさはもちろんのこと、その技術を使って、いかにこの国の尊厳を守るかを常に考えているところだと思います。

　稲川さんのもとには大和心を持った現代の侍、「国士」が育っている。心強い限りです。今後ますますのご活躍を期待しています。

　今日は、ありがとうございました。（2021年2月再編集）

PART1
エクササイズ

1-1 肩甲骨のほぐし

上半身を柔らかく使えるように肩甲骨を動かします。肩から動かすのではなく、肩甲骨を動かすことを意識して、前後左右、片方、両方、自由に動かします。

①正面から

②肩甲骨を後ろに引きます。肩を上げないように注意

⑤横から

⑥僧帽筋で引き上げずに肩甲骨の動きを確かめます

体幹に近いところを使うことにより、末端は力まずリラックスさせることが可能になります。

③前に。肩ではなく肩甲骨を意識します

④左右同様に行ないます

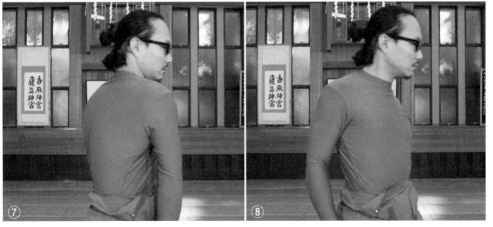

⑦肩甲骨の裏側を伸ばすように

⑧ほぐしながら肩甲骨を自由に動かします

1-2 身体のほぐし

身体への圧力を感じながら身体を柔らかく使います。受けた
圧力を抜くように、必要な分だけ動かします。前後さまざま
な方向から身体をほぐして下さい。

①相手からの圧力を感じます

②その部分を中心に抜いていきます

⑤後ろも同様にします

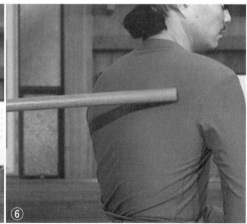

⑥圧力を感じて抜いていきます

身体全体で動かさず、圧力の受けた部分から必要な分
だけ動かしていきます。

③できるだけその部分だけを動か
します

④いろいろな箇所を押してもらい
ます

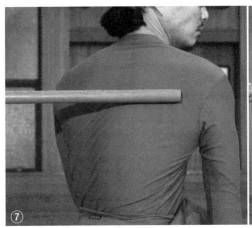

⑦肩甲骨を動かし、抜きます

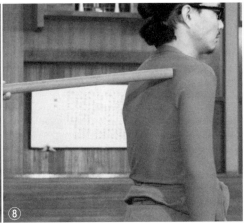

⑧肩をすくめて固めないようにし
ます

1-3 下半身のほぐし

座ってからの動作で、線を切りながら腰切りと股関節の可動域を広げます。

①脚を開いて座ったところから

②片方の膝を内に入れます

⑤体の中心の線を意識します

⑥かわすように腰を切ります

仰向けになって動作を行ないましょう。膝から先を内側に回していきます。内側に慣れて来たら、外側へ回して行きます。

③半身になります

⑦仰向けになって膝から先を回します

（右上）④左右とも行ないます

⑧内向き、外向きに変えながら回します

1-4 歩法

基本となる歩法の練習です。後ろ脚で蹴らずに、足の裏側を使います。足だけではなく股関節の開き、絞りも使います。重心の位置を上下させずにスムーズに動けるようにします。

①前脚で引きつけるように歩きます

②後ろ脚で蹴らないように注意

⑤前脚に体重をのせながら

⑥後ろ脚を動かします

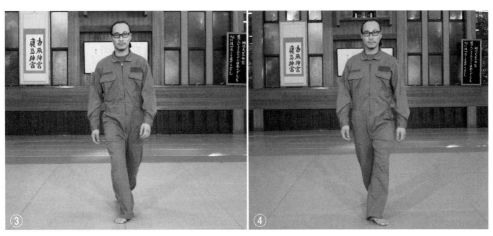

③前脚の股関節を絞りながら

④後ろ脚を出して、重心を動かします

⑦蹴る勢いを使わず

⑧上下動をなくして歩きます

1-5 体幹との協調 (1)

相手に片手でベルトを掴ませ、自分の手をベルトを掴んだ腕に乗せます。腰を切りながら相手を崩します。

①相手にベルトを掴ませます

②相手の手に触れて、腰を開きながら

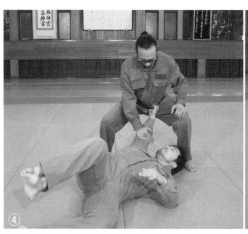

④腰を引かないように注意します

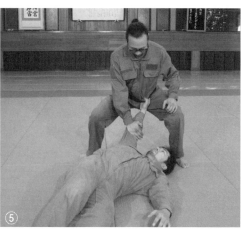

⑤投げ終わりも中心に収まるようにします

相手に触れる手は自分の身体の中心にあるようにします。力んで手で倒そうとせずに体幹の力を使うようにします。

③脇を締めて中心に向かって体幹の力を伝えていきます

1-6 体幹との協調 (2)

身体の中心からの力を末端に伝えていくエクササイズです。中心が動くことにより脇腹、肩甲骨、肩、肘、手首と力を伝えて行きます。ただ手だけを動かすのではなく、中心の動き

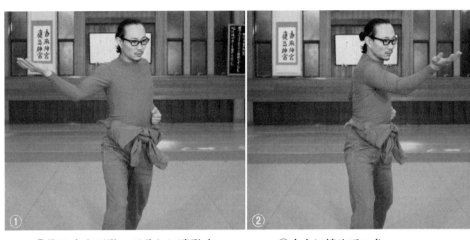

①腹の中心が動いてそれに連動するように

②中心に締めていき

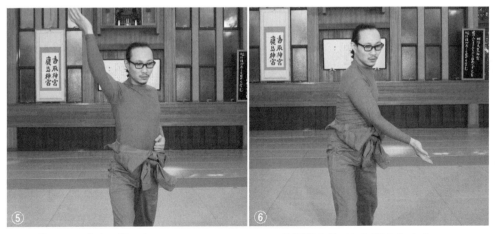

⑤中心、脇腹を使いながら

⑥袈裟のラインに動かします

で手刀を上下、水平、袈裟、逆袈裟を切るように振ります。上半身だけでなく、足首、膝、股関節もゆるめるとスムーズに動けます。

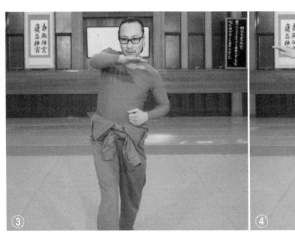

③切り返す時は腰から切り返します

④体を開いて大きく動かします

⑦中心を動かし、脇腹を開きながら切り上げます

⑧肩甲骨、肩、肘、手刀へと連動させます

1-7 肩甲骨の動き

肩甲骨の可動域を広げるために行ないます。肘を身体の中心に向けて動かすことにより肩甲骨の内側を伸ばします。このとき、肩が上がりすぎたり、力みすぎないように注意します。

①リラックスして肩を力ませず

②肘を肩の高さで水平に動かします

⑤斜め下から中心に向かって

⑥肩甲骨をしっかり伸ばします

③肘が身体の中心になるように伸
ばします

④僧帽筋で引き上げてしまわない
ように注意

⑦左右両方を行ないます

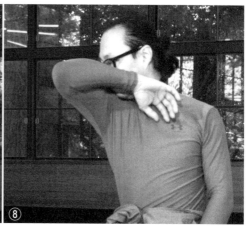

⑧中心にしっかり出しましょう

1-8 線の外し

相手の攻撃の線を外して動きます。歩法と同様に後ろ脚で蹴らないようにします。先行して動いてしまうと、相手は追ってくるので、攻撃のタイミングに合わせて線を切ります。

①振り下ろすタイミングに合わせながら

②身体を動かし線を外します

⑤別角度で

⑥かわしたあと、そこで固まらないようにします

③身体で誘って

④振り下ろしてくる瞬間にかわします

⑦相手の攻撃を誘い

⑧線を切ります

1-9 入り身 (肘での入り)

中心線と身体の動きを意識します。前に出ながら、中心にお
いた手先が肘の中心に置き換わります。肘を伸ばし、再び手
先を中心において正面を向きながら、元の形に戻ります。

①中心に手を出し

②踏み込みながら肘に置き換えま
す

⑤中心から

⑥肩甲骨を伸ばしながら肘を出し
ます

前に出る時は、歩法と股関節の動きを十分に使います。
肘を出した時は十分に肩甲骨が動くことを意識します。
元の姿勢に戻る時は、肘を締めるように元に戻します。

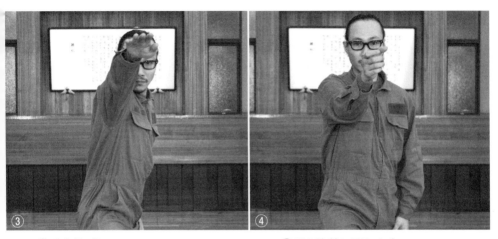

③手を伸ばして

④元の姿勢に戻します

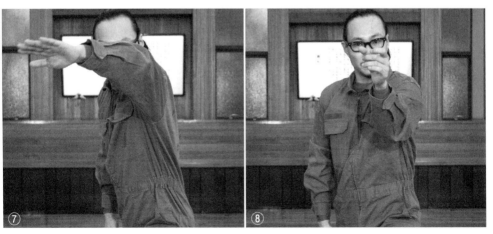

⑦伸ばした手の肘をたたみながら

⑧元の姿勢になります

1-10 突き

股関節を開く力を、身体を伝えて突きます。締めた股関節を
開き、その力を身体を伝えて手に出します。突く手は外から
回さずに、中心を真っ直ぐに突くようにします。

①歩法を使い歩きながら　　　　②股関節の絞りを使用して

歩法や線の外し、入り身と併用して練習しましょう。

③踏み出る瞬間に股関節の開く力を使って全身の力を拳にのせます

PART2
対徒手戦闘

2-1 順突き（肘での入り）

相手がついて来るのに合わせて、入り身エクササイズを使用します。自分の中心で、相手の中心をしっかり捉えて相手の中心に真っ直ぐ入るようにしましょう。

①相手の突きに合わせながら　　②入り身をします

⑤相手を崩します

⑥脇を締めて崩し

身体の柔らかさを十分に使用して真っ直ぐに入り身するようにします。入り身したあとは手で相手を押し倒そうとはせずに、股関節をたたみ、肘を締めるようにして相手を崩します。

③肘で相手の中心をとります

④肘を立て手を伸ばし

⑦そのまま落としていきます

⑧自分の中心に落としてくるようにします

2-2 順突き（喉取り）

相手の後ろ側に入り身して、喉を掴んで倒します。相手の突きに対して入り身したら、左手で相手の喉を取り、体勢を崩します。

①相手の突きに対して　　②中心に手を置き入り身します

⑤相手の喉をとって　　⑥相手を崩します

③十分に深く入り

④後ろから手を回し

⑦体を抜いて空間を作り

⑧そこに相手を入れてしまいます

2-3 順突き（肘での当て身）

相手の突きに対し入り身したあと、身体を切り替えて肘で当て身をします。

①相手の突きに対し

②先を取って入り身します

⑤肩甲骨から腕を引き上げ

⑥相手の中心に向けて

まず相手の突きに対し、相手よりも中心に真っ直ぐに入り、体勢を崩したあとに、股関節の締めと軸の回転を利用して身体を入れ替えて肘で当て身を入れます。

③真っ直ぐ相手の中心をとり

④相手が崩れるくらい深く入ります

⑦股関節の締め、軸の回転を使い上体を入れ替えて

⑧脇の締めを使って肘を落とし当て身を入れます

2-4 順突き（表への入り身）

相手が突いて来るのに対し、表側に入り身します。この時も大きく回るのではなく、表側から相手の中心に向かって入り身するようにします。

①相手が突いてきたら

②突きに対し相手の表側に入り身します

④手と首元に触れ

⑤体を転換させて相手を崩し

入り身したあと、相手の手と首元に触れながら転換して相手を投げます。力任せに手で押したり、引き倒すようにしないように注意してください。

③真っ直ぐに相手の中心をとるように入り

⑥剣を斬り下ろすように

⑦相手を投げます

2-5 順突きへのカウンター

相手が真っ直ぐに突いて来るのに対して、表側へ入り身しながら当て身を入れます。

①相手が突いてくるのに対し　　②線を外して

相手の攻撃を避けながらではなく、相手の攻撃は線を外して、こちらは相手の中心をしっかりととっておきましょう。

③〜⑤相手の中心を突きます

2-6 フックへのカウンター

相手がフックを打とうとするときに、真っ直ぐに突いてカウンターを入れます。相手が打とうとして脇が空いたときに、真っ直ぐに相手の中心に向かって突きます。

①相手が打ってくるのに対し　　　②線を外して深く入り

③

③～⑤相手の中心を突きます

PART3
対ナイフ戦闘

3-1 諸手（もろて）受け流し

突いてくる相手の手に外から触れて、逆の手を自分の身体の中心から差し入れて相手の中心をとります。このとき、自分の中心を相手に譲らないように注意します。

①相手の突きに触れて

②逆の手を差し入れます。入れる場所に注意

⑤突きに対して

⑥触れて受け流し

相手の突いてきた手をはじき飛ばすのではなく、触れて受ける感覚を大切にします。

③手は自分の中心を守り

④相手の中心を攻めます

⑦相手の中心を取ります

⑧相手の肩口に当てて外します

3-2 短刀取り（ディザーム）1

相手のナイフの持ち方によって手の内の外し方が異なります。親指が上に添えてある場合は、相手の手の親指付け根部分に指をかけ、外からナイフの腹を押し出すように外します。

①ナイフを握った相手の親指の付け根をつかみ

②親指を外して

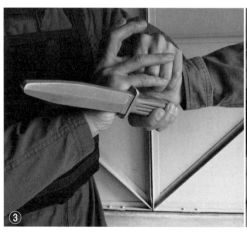

もう一方の手でナイフを横から押し出し

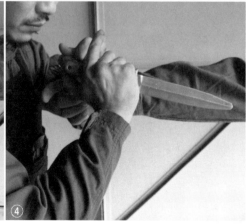

④ナイフを取ります

親指も握り込んでいる場合は、相手の親指に指をかけて、さらに曲げさせるようにして親指を極めます。

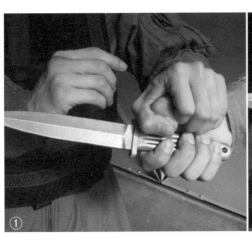

①親指ごと握り込み

②指を開かせて

③もう一方の手でナイフの腹を押し出して

④ナイフを取ります

73

3-3 面への突きに対処

諸手受け流しの要領で相手の手に触れ、ナイフを持つ手を取ったまま入り身をします。相手の外に入り、喉取りの要領で相手を倒します。

①突いてくる相手に対して

②入り身をしながら

⑤喉を取ります

⑥手首を極めながらナイフを取り、相手を崩します

喉を取った手だけで引き倒そうとせずに、ナイフを持つ手も利用して崩します。

③諸手受け流しをします

④右手は相手のナイフを持つ手に引っかけ

⑦地面まで倒し込み

⑧頭を押さえます

3-4 胴への突きに対処

突いてくる相手の腕を左脇に挟むように入り身します。相手の腕を脇に挟んだをままナイフを持つ相手の手を取り、腰の回転を利用して相手を倒します。

①突いてくる相手に

②入り身をしながら

⑤腰を切りながらナイフを持つ手を返して

⑥相手を倒して

横から回るのではなく、真っ直ぐに十分深く相手に入り身します。このとき、しっかり腰を落として相手を崩します。

③相手の腕を脇にはさんでナイフを持つ手首を取ります

④腰を落として相手を崩し

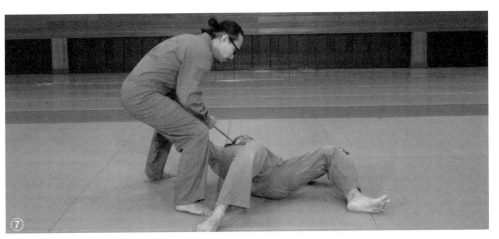

⑦拘束

3-5 ハンマーグリップ（内から）に対処

相手のナイフを受けて捻（ひね）り、相手を崩します。この
とき相手の手を柔らかく受け、自分の体幹の中心にもって来
て、体幹の力を使い倒すようにします。

①相手がハンマーグリップで刺し
てきたら

②内側から

⑤体を返します

⑥自分の中心へもってきて

③刺してくるのを受け止めます

④柔らかく受けて

⑦倒します

⑧ディザーム（武装解除）

3-6 ハンマーグリップ（外から）に対処

振り下ろしてくる相手の手に触れながら、相手の表側に入り身をして回り、相手を崩します。相手の手を固く止めるのではなく、柔軟に受けて流すように、相手の懐に入ります。

①相手がハンマーグリップで

②外から刺してきたら

⑤脇を締めて手を中心にもってきて

⑥相手を崩します

③その手を受け流します　　　　　　④相手の正面に入り

⑦ナイフを取りあげ　　　　　　　　⑧ディザーム（武装解除）

PART4
対掴み戦闘

4-1 ボディアーマーを掴まれる（片手1）

片手でボディアーマーを掴まれたら、掴まれた側の手で、相手の掴んだ手に触れながら、当て身を入れ、相手の腕に触れて倒します。

①掴まれたらその手に触れて

②逆の手で相手の腕に触れます

④中心に切り下ろすようにしながら

⑤相手を倒します

相手を倒すときは腕で引っ張ったりせずに、体幹の力
を伝えて倒すようにします。

③

③腰の回転と、体幹の力で切り下ろします

4-2 ボディアーマーを掴まれる (片手2)

片手でボディアーマーを掴まれたら、掴まれた相手の肘を内に回して崩し、喉を取ってコントロールします。

①掴まれたら脇を締めて手を相手の肘に引っかけます

②相手の肘を内に入れさせながら体勢を崩し

④肘と喉で相手を制して

⑤相手を崩しながら

相手の肘を取る時には体幹の動きを使います。相手の肘を内側に入れて崩したあと、喉と肘の二点を使い相手を倒すのがポイントです。

③相手の喉を取ります

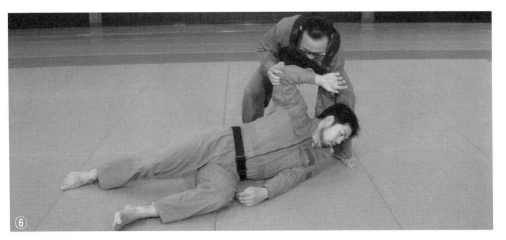

⑥倒します

87

4-3 ボディアーマーを掴まれる (両手)

掴んでくる相手の手に触れ、左手は下方、右手は上方に動か
しながら相手を崩します。

①掴んでくる相手の肘に触れ

②上下に開かせて

⑤このときも脇が締まっているよ
うにして

⑥切り下ろすように下げ

左手は肘の内側あたり、右手は肘の外側あたりに触れて、手先ではなく、肩甲骨を動かすことによって相手を崩します。

③相手を崩して

④倒します

⑦最後は中心に持って行きながら

⑧拘束します

4-4 後ろから抑えられる

掴まれたら腰を切り、相手の後ろに踏み込んで倒します。掴まれた時、腰を落として肩甲骨を張り、相手との間にスペースを作って腰を切ります。

①相手に後ろから押さえられたら

②肩甲骨を張り、腰を落として空間を作り

⑤相手を崩し

⑥腰を切るようにして相手を倒します

相手の膝の裏側に深く踏み込み、腰を切るようにして
崩し、倒します。

③腰を抜きます

④脚を相手の裏に深く踏み込んで

⑦手を外して

⑧拘束します

4-4 後ろから抑えられる（応用）

ライフルを携行していて後ろから掴まれたら、相手の後ろに踏み込み、崩すと同時に、銃床で相手を突いて倒します。

①相手が後ろから来て

②押さえ込んできたら

⑤相手の裏に深く踏み込んで相手
を崩し

⑥銃床で相手を突いて倒します

この技は02:49
から始まります

③腰を落として空間を作り

④腰を抜きます

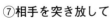
⑦相手を突き放して

⑧警戒します

4-5 ライフルを掴まれる（1）

相手に左側から掴まれまたら、面取り（100ページ参照）を
して倒します。右手で銃をしっかりと保持し、相手に入りな
がら、左手で顔を後ろに反らして倒します。

①相手が左から来て

②銃を掴んできたら

⑤相手を倒し

⑥相手の手を外します

このとき、右の肩甲骨を引き、左の肩甲骨を出すと、
より深く入れます。

③銃を保持しながら　　　　④面取りをかけます

⑦銃を保持したまま

⑧警戒

4-5 ライフルを掴まれる（応用1）

94ページと同様の対処法です。相手が左側から小銃を掴んできたら、右手で銃を保持しつつ、入り身して、左手で相手の顔を後ろに反らします。

①相手が左から

②銃を奪いにきたら

⑤相手を後方に倒して

⑥相手の手を外します

この技は01:08
から始まります

③右手で銃を保持しつつ

④面取りします

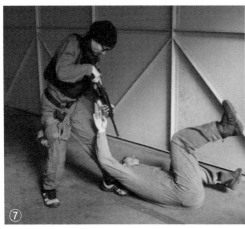

⑦銃は保持したまま

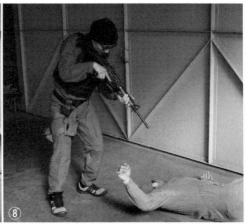

⑧警戒

4-5 ハンドガンを掴まれる（応用2）

ハンドガンを掴まれた場合も、ライフルの応用で対処できます。相手に掴まれた際に銃を脇にしっかりと保持して、面取りして相手を倒します。

①相手が正面から

②ハンドガンを取りにきたら

⑤喉取りの要領で

⑥相手を倒します

掴まれた腕を引いて脇に付けるのではなく、
肩甲骨を引いて、体を近づけて脇に保持する
とより相手に入り身することができます。

この技は03:06
から始まります

③肩甲骨を引いてハンドガンを脇
に保持します

④後ろから相手の喉を取り

⑦切り離して

⑧警戒します

4-5 面取り

相手の顔面に触れて、頸椎を曲げさせて倒します。

①指を軽く曲げて相手の眉間のあたりに当てます

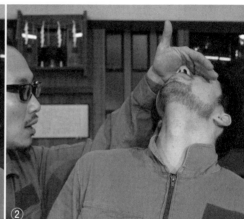

②十分に頸椎に効かせながら

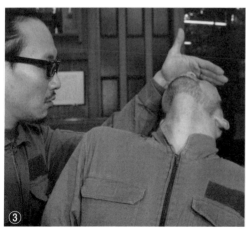

③相手の首を曲げて

④下に落とします

相手に右側から掴まれたら、外から銃身を回し、相手
の手首を返して極め、崩します。崩したあとは相手に
踏み込みながら押して投げます。

①相手が右から銃を掴んできます

②銃身を回して

③相手の体を返しながら

④突き放します

4-7 装備中のハンドガンを掴まれる（1）

掴んで来た腕をとらえ、腰を切ることにより相手を倒します。
右手でハンドガンを保持して、左手を相手の手に添えて、体
幹の動きで倒します。

①相手が正面から銃を取りにきた
ら

②相手の手に触れて

⑤倒します

⑥このときも自分の中心に力を乗
せて

投げたときに相手の手に触れている左手が自分の身体
の中心にあるのを忘れないようにします。

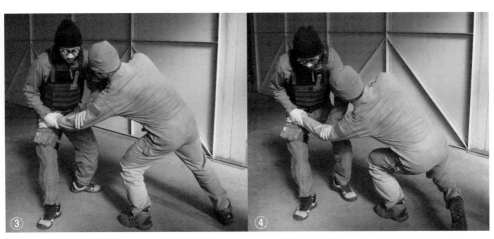

③腰を切りながら

④相手を崩し

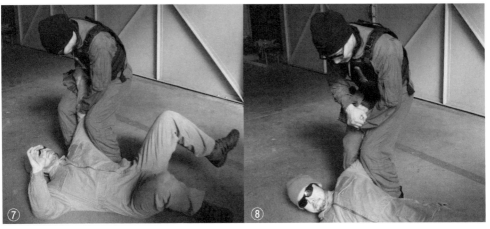

⑦倒したら膝でコントロールしな
がら

⑧拘束します

103

4-8 装備中のハンドガンを掴まれる(2)

後ろからハンドガンを掴まれたら、肩甲骨を柔軟に動かして右手を相手にかけ、左手でハンドガンにかかる手を押さえます。腰の切りと右手の切り下ろしで相手を投げます。

①相手が後ろから

②銃を奪いにきたら

⑤脇の締めを使いながら

⑥中心に向かって切り下げます

③肩甲骨を抜いて空間を作り

④銃にかかる相手の手と首元に肘
を回します

⑦腰を切りながら切り下ろし

⑧拘束

ZERORANGE TOTAL DEFENSE

http://zerorangecombat.com

荒谷卓先生（右）と稲川義貴

零距離戦闘術（ゼロレンジコンバットシステム）は、空間的な距離にとらわれず、効果的な身体操作を用いて戦う術です。日本の武人がつちかってきた身体の動きや精神を追求し、その戦闘理念より生み出された技術を受け継ぎ、現在に通用する形として再構築したものです。

現在、本書で紹介されている零距離戦闘術を基に現代のニーズに合わせたディフェンス・スクールを開講しています。初心者から誰でも幅広いテクニックを学べるスクールとなっています。2021年より荒谷卓先生が主宰する『熊野飛鳥むすびの里』と提携して、技術だけではなく、武士道の精神と戦闘者の育成も行なっております。詳しくはホームページをご参照ください。

- JBA（日本式ボディーガード協会）
  https://bodyguard-japan.org/

- 熊野飛鳥むすびの里
  https://musubinosato.jp/

- たくちゃんねる
  https://www.youtube.com/channel/UCEXCEsV_t1X_d4gSirFLgvA

零距離戦闘術
Product by ∴SSS∴

PART5
グラウンド戦闘

5-1 タックルの返し

相手が組みついてくるのを押し止め、自分の中心に落とし込みながら倒します

①相手が組みついてきたら

②前腕部を相手の首筋に当て

⑤自分の中心にまとめるように崩します

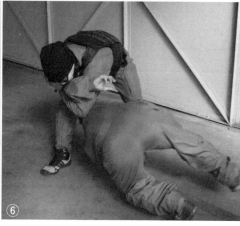

⑥そのまま相手の体を返して

③相手が組みついてくるのを止め
ます

④左手を相手の脇に差し込み

⑦完全に相手を返してしまい

⑧拘束

5-3 三角絞め

相手が掴みかかってきたら、脚で片方の腕を蹴り外し、戻す脚で相手の頸動脈にかけ絞め上げます

①相手に掴みかかられたら

②肩口から上腕部のあたりを蹴り

⑤相手の首にかけます

⑥逆の脚でロックして

③相手の片手を外します

④逆の足で相手を押さえながら蹴った脚を戻し

⑦相手の腕と自分の脚で頸動脈が絞まるようにして

⑧絞め上げます

5-4 十字固め

相手が掴みかかってきたら、腰を抜いて体を回し、肘を極め
ながら相手の首を刈って倒します。

①相手が掴みかかってきたら

②腰を切って脚を回し

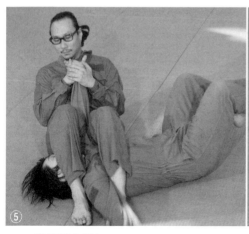

⑤相手を倒し

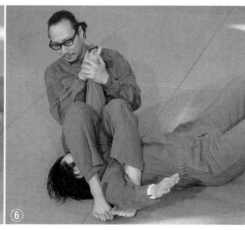

⑥内腿で絞めたまま

③相手の腕を腿で挟みます

④相手の首にかけた脚で首を刈って

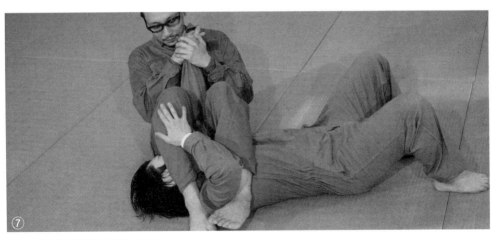

⑦相手の肘を極めます

5-4 十字固め（応用・対ナイフ）

相手がナイフを突きつけてきたら、体の伸びを使って空間を作りながら十字固めをかけてナイフを奪います。

①ナイフを突きつけられたら

②その手を押さえ

⑤相手を倒し

⑥十字固めをかけて

この技は01:48
から始まります

③腰を浮かし相手の腕を伸ばします

④脚をかけて

⑦自分の脚を刺さないように

⑧ディザーム（武装解除）

5-5 外側側副靭帯固め

首を絞めている相手が、次の動きに移ろうと立ち上がる瞬間に股の間に潜り込んで脚を絡めて倒し、相手のつま先を脇に挟んで、そのまま膝を捻り極めます。

①相手が立とうとする瞬間

②脚を股の間に滑り込ませ

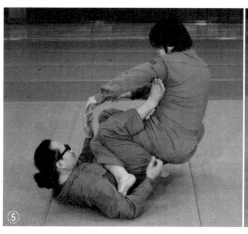

⑤内股で相手をしっかり挟み

⑥相手のつま先を脇に挟んで

この技は、練習で強く極めると膝の靱帯を痛めてしまうので注意します。

③外側から回して絡めます

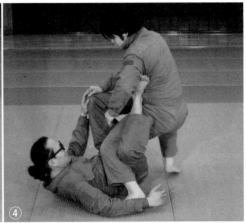

④相手を倒し

⑦上に引き上げて

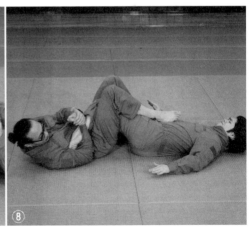

⑧極めます

5-6 内側側副靭帯固め

相手が突いてきたところを外側に入り身します。突いてきた腕に手をかけて相手を崩しながら、その場に座り込んで相手の脚に自分の脚を絡めて倒します。

①突いてきた相手に入り身して

②外側に座り込みます

⑤内側から回して絡め

⑥相手を倒します

相手のつま先を脇に挟んで、そのまま膝を捻り極めます。この技は、練習で強く極めると膝の靱帯を痛めてしまうので注意します。

③相手側にある脚を

④後ろから股の間に入れて

⑦股を絞り、つま先を脇に挟んで

⑧上に向けて捻り、極めます

5-7 捨て身式十字固め

相手が突いてくるのに対して外へ入り身します。相手の突いた手を、自分は捌いた手で弧を描きながら回し、相手の内肘に手をかけ、反対側の手は首にかけます。

①相手の突きに入り身しながら

②相手の手を外へと振り

⑤相手を引き込んで

⑥体を回して脚をかけます

相手側の足を相手の脇に当てるようにその場に座りこみながら、臀部で回り、外側の足を相手の顔にかけて倒します。倒したあとは、しっかりと内腿で締めて肘を極めます。

③相手の首元に手をかけて

④その場に座り込みながら

⑦相手の首を刈って

⑧内腿を締めて極めます

5-8 蟹挟み式十字固め

相手が突いてくるのに対し、斜め側面に入り身します。入り身しながら、右手を相手の右肩にかけ、足を相手のわき腹に向かって引き上げます。

①相手の突きに入り身して

②相手の肩に手をかけ

⑤後方に倒しながら

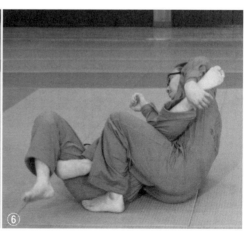

⑥相手の踵を取り

相手の太腿にめがけて飛びつきながら挟み込んで倒します。倒れた相手の足首部分をつかみながら内太腿で締め上げ、下腹を天井に突き上げて極めます。

③飛びつくようにして

④脚で相手を挟み

⑦内腿を締めてロックして

⑧膝を極めます

5-9 足首固め

相手が蹴ってきたら、対角側の手と脇を使って巻き込んで挟み、反対の手で相手の足の甲を掴みます。正面に向くように腰を切り、

①相手が蹴ってきたら

②勢いを殺しながら手と脇で取り

⑤相手を崩し

⑥極めながら倒します

その力と、手と脇で巻き込んだ力を連動させて、相手
の足首を捻り上げます。捻り上げた力をそのまま真下
でしゃがみ込むように落として極めます。

③相手の足の甲を掴んでロックし
ます

④腰を切る力と巻き込む力で回り

⑦そのまま極めて

⑧拘束します

5-10 回転式十字固め

背後から組みつかれたら、自分の股の間にある相手の足に向かって肩口を始点に前転をします。回転時に、手を相手の踵にかけて、相手と一緒に回ります。

①後ろから掴みかかられたら

②上体を曲げて

⑤肩口から受け身を取りながら

⑥相手ごと回ります

相手を倒したら、相手の足を両太腿で締め上げ、天井
に向け下腹を引き上げて極めます。

③自分の股の間にある脚に手をか
けて

④そのまま回転します

⑦内腿で相手の脚を締めて

⑧膝を極めます

稲川義貴（いながわ・よしたか）
1978年、東京生まれ。幼少のころより父親から居合「神刀流」を学ぶ。中学生のときに水引師範に師事。高校2年に総合格闘技を始める。高校卒業後、「古流ムエタイ」を学ぶため2度にわたり東南アジアに武者修行に出かける。帰国後、日本古来の「武士道」について研究するかたわら、国内外で戦闘技術を学ぶ。その後、米軍特殊部隊の格闘技教官を務め、2005年「ゼロレンジコンバット（零距離戦闘術）」を設立。以来、自衛隊を中心に日本人の魂を持った近接戦闘・格闘術の普及に努める。警察庁警察大学校術科逮捕術講師、明治神宮武道場「至誠館」講師。映画『ハイアンドロー・レッドレイン』の雨宮兄弟のアクションでは「ゼロレンジコンバット」が使われている。2017年公開の映画『リボーン』（監督：下村勇二、主演：坂口拓）では戦術戦技スーパーバイザーを務める一方、アビスウォーカー役で出演している。

新版 零距離戦闘術 ［入門編］

2021年4月15日　　第2版発行
2022年4月28日　　第2版2刷

2011年8月15日　　第1版

著　者　稲川義貴
発行者　奈須田若仁
発行所　並木書房
〒170-0002 東京都豊島区巣鴨2-4-2-501
電話(03)6903-4366　fax(03)6903-4368
http://www.namiki-shobo.co.jp
編集協力　葛城奈海
動画制作　スタジオフォレスト、チャンネル・ツー
印刷製本　モリモト印刷

ISBN978-4-89063-406-4